Deine Retro-Rätselreise

Wie gut kennst du dich aus in Sachen Kultur, Mode, Fernsehprogramm und Musik der 80er-Jahre? Auf den folgenden Seiten findest du viele knifflige und bunte Rätsel, die dich in die Zeit deiner Kindheit und Jugend zurückversetzen und so manche peinliche Modesünde ans Licht bringen. Kannst du Filme und Serien anhand ihrer Beschreibung erraten, berühmte Paare miteinander verbinden, Ereignisse in die richtige zeitliche Reihenfolge bringen und Prinzessin Diana einen Weg durch ein kniffliges Labyrinth aufzeigen? Falls es mal zu schwierig wird oder du zwischendurch eine Hilfestellung brauchst, findest du auf den Rückseiten die richtigen Lösungen.

Viel Spaß beim Überlegen, Ausprobieren und in Erinnerungen schwelgen!

Besuchen Sie uns im Internet: www.pattloch.de

MIX
Papier | Fördert gute Waldnutzung
FSC® C018236

Text und Bildauswahl, Gesamtgestaltung: Nadja Marie Ulrich
Lektorat: Dr. Guido Fuchs
Redaktion: Katharina Hepp, Pattloch Verlag

Bildnachweise: Cover: u. re. S_Photo/Shutterstock.com; picture alliance: Mi. o. SULUPRESS.DE/ Torsten Sukrow; u. li. PictureLux/The Hollywood Archive/The Legacy Collection; Hintergrund: Shutterstock.com

Innenteil: IMAGO: S. 5, 69, 93 United Archives, S. 5 Allstar, S. 25 Pond5 Images, S. 35 WEREK, S. 37 MediaPunch, S. 37, 69 Allstar, S. 37 Bestimage, S. 63 Cinema Publishers Collection, S. 65 blickwinkel, S. 93 Capital Pictures; Shutterstock.com: S. 9, 41, 73 Vladimir Sukhachev, S. 13 Rawpixel.com, S. 17, 49, 81 MKE design, S. 21 Roberto Sorin, S. 21 Magdalena Wielobob, S. 21 Tarzhanova, S. 21 Michael Kraus, S. 21 Tony_Papageorge, S. 21 Tenzen, S. 21 Birgit Reitz-Hofmann, S. 21 Enjoy The Life, S. 21, 22 Milton Buzon, S. 23, 55, 85 LightField Studios, S. 25 MaraZe, S. 25 Gudman, S. 25 Issarawat Tattong, S. 25 urfin, S. 25 Tsekhmister, S. 25 New Africa, S. 25 iamsevensix, S. 25, 87 Eric Isselee, S. 53 Taigi, S. 53 photosounds, S. 53 OlgaOzik, S. 53 yulyamade, S. 53 Mega Pixel, S. 53 JpegPhotographer, S. 53 Krakenimages.com, S. 53, 54 oasisamuel, S. 57 Gus Andrade, S. 57 konstantinos69, S. 57 aperturesound, S. 57 MERCURY studio, S. 57 Roman.Stasiuk, S. 57 schankz, S. 57 Kittipong33, S. 57 In Green, S. 57 Hasibul_Zero, S. 87 Artem Avetisyan, S. 87 Brianxenz, S. 87 Jockie Aradhea, S. 87 michelaubryphoto, S. 87 mariesacha, S. 87 nitpicker, S. 87 Nicescene, S. 87 Oksana Shufrych, S. 87 Kolonko, S. 101 ajt, S. 101 Lamax, S. 101 Photology1971, S. 101 vvoe, S. 101 gcpics, S. 101 Happy monkey, S. 101 drawkman, S. 101 Zuzha, S. 101 Lifestyle Travel Photo; alle weiteren Fotos: picture alliance; Hintergründe: Shutterstock.com

Gesamtherstellung: Drukarnia Dimograf Sp. z o.o., Bielsko Biała

ISBN 978-3-629-01601-0

Kontaktadresse nach EU-Produktsicherheitsverordnung:
produktsicherheit@droemer-knaur.de

2 4 5 3 1

Zeitreise

Wann geschah was?
Jedem Ereignis ist eine Jahreszahl zuzuordnen.

Der Fall der Berliner Mauer leitet die deutsche Wiedervereinigung ein.

Die Reaktorkatastrophe von Tschernobyl schockiert die Welt.

Sat.1 sendet die erste von über 4000 Folgen „Glücksrad".

Helmut Kohl wird Bundeskanzler.

Der „Schwarze Montag" erschüttert weltweit die Aktienmärkte.

„Live Aid" sammelt Millionen Spenden für Afrika.

1982 1985 1986 1987

1988 1989

Lösung:

1982 – Helmut Kohl wird Bundeskanzler.

1985 – „Live Aid" sammelt Millionen Spenden für Afrika.

1986 – Die Reaktorkatastrophe von Tschernobyl schockiert die Welt.

1987 – Der „Schwarze Montag" erschüttert weltweit die Aktienmärkte.

1988 – Sat.1 sendet die erste von über 4000 Folgen „Glücksrad".

1989 – Der Fall der Berliner Mauer leitet die deutsche Wiedervereinigung ein.

Traumpaare der 80er

Verbinde alle Paare mit Linien – ohne dass sich die Linien kreuzen. Dabei muss jedes Kästchen des Rasters Teil einer Verbindung sein. Die Linien dürfen nur waagerecht oder senkrecht verlaufen, jeweils von der Mitte eines Kästchens zur Mitte des nächsten.

Marty McFly und Doc Brown

Thomas Anders und Dieter Bohlen

Peggy und Al Bundy

Sonny Crockett und Rico Tubbs

Udo und Elke Brinkmann

Horst Schimanski und Christian Thanner

Lösung:

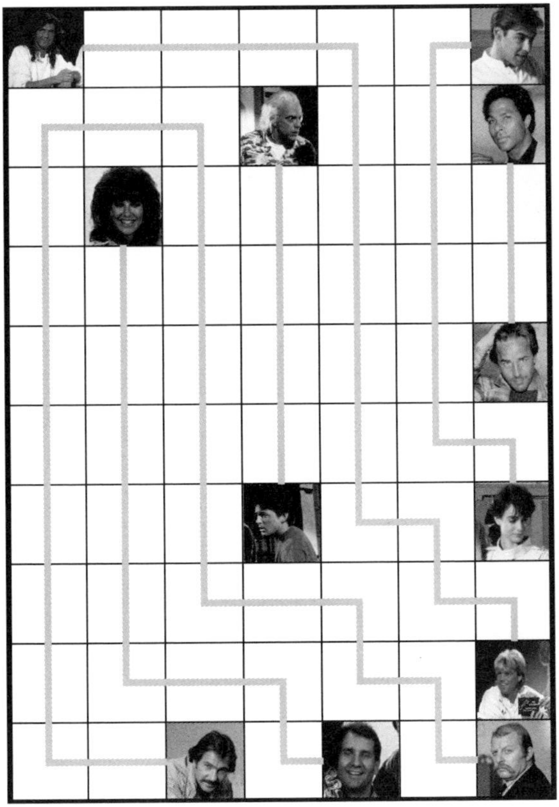

Neueste Technik

Durch Umstellen der Buchstaben erfährst du, ...

1

RENE RESER OCKSTADT

... womit Rene Reser aus Ockstadt die Hits seiner Jugend aus dem Radio aufnimmt.

2

IVONNE PARRT GRIMMA

... was Ivonne Parrt aus Grimma installiert, um nicht angegriffen zu werden.

3

PETER PICOU SELM

... womit sich Peter Picou aus Selm und viele Millionen andere neuerdings die Zeit vertreiben.

Lösung:

1. Kassettenrecorder

2. Antivirenprogramm

3. Computerspiele

Serien mit Suchtfaktor

Schon in den 80ern spielten TV-Serien eine große Rolle im Programm der Sender. Welche ist hier gesucht?

Das in der gesuchten Serie so außergewöhnlich agierende Auto war vom Modell her ein Pontiac Firebird Trans Am. In der Führungsetage der Herstellerfirma hegte man durchaus Bedenken gegen die Verwendung ihres Produkts. Man befürchtete Imageschäden, sollte sich die TV-Serie als zu banal erweisen und beim Publikum floppen. Schließlich rang man sich zur Bereitstellung von vier Fahrzeugen durch. Praktischerweise war gerade ein Transportzug mit einer Ladung der gewünschten Modelle entgleist, es standen also genügend Wagen mit kleineren Blechschäden zur Verfügung. Gut für die TV-Produktion, die im Verlauf der neunzig gedrehten Folgen über 20 Pontiacs verschliss. Bei der Ausstattung bedienten die Produzenten jeden Traum staugeplagter Pendler: Beschleunigung auf 480 km/h und ein „Turbo Boost", der das Vierradgeschoss auf Knopfdruck über alle Hindernisse katapultiert. Wird es mal eng, aktiviert Serienprotagonist Michael einen Modus, der den Wagen seitlich auf zwei Räder kippt, damit „K.I.T.T." hochkant durch die Lücke brausen kann. Sogar einen integrierten Geldautomaten gibt es in der Wunderkarre, die zudem über jede Menge Programmierungen verfügt, mit der sie menschliches Denken und eine Persönlichkeit perfekt imitiert. „Ein Auto, ein Computer, ein Mann", deklamiert ein Sprecher zu Beginn jeder Folge und beendet die programmatische Ansage mit: „Ein Mann und sein Auto kämpfen gegen das Unrecht."

Lösung:

„Knight Rider", 1985 bis 1986 im deutschen TV

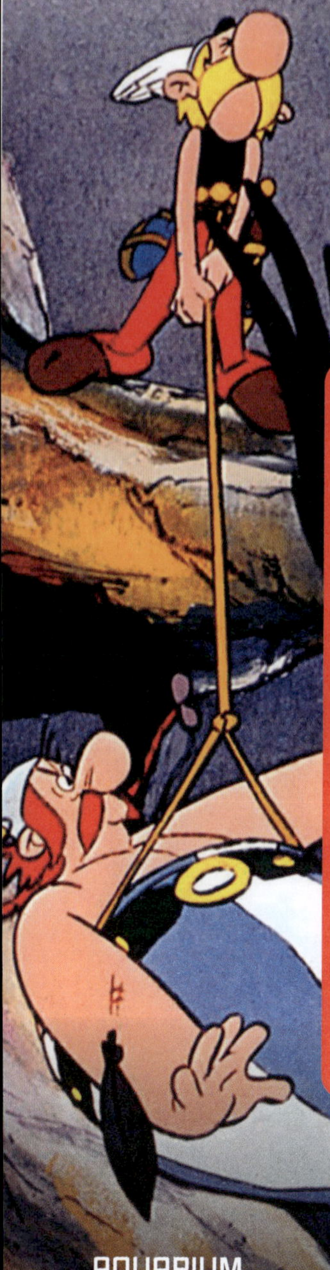

„Die spinnen, die Römer!"

Hier verstecken sich 20 Begriffe rund um die Welt von „Asterix und Obelix" – findest du alle? Sie sind waagerecht, senkrecht oder diagonal und auch rückwärts im Raster aufzuspüren.

M	G	X	G	O	A	G	X	S	B	E	L	E	N	U	S
U	W	I	U	N	C	A	D	R	U	I	D	E	X	Y	K
I	S	L	O	H	I	L	L	G	K	M	Q	D	O	R	F
R	O	E	M	E	R	L	A	G	E	R	E	T	T	W	S
A	W	B	H	D	O	I	W	O	L	N	U	Y	H	E	L
U	Z	O	J	S	M	E	G	G	I	B	P	P	T	C	X
Q	M	V	Z	C	E	R	W	E	R	S	D	A	K	I	P
A	G	E	E	E	R	V	T	R	E	J	T	S	T	V	E
C	P	C	T	R	A	S	G	J	M	U	E	S	E	H	R
F	E	V	W	H	L	Z	S	F	E	I	O	K	C	A	D
R	B	Z	A	E	U	E	R	T	O	P	X	S	S	I	T
V	P	S	K	T	E	S	I	V	R	P	I	E	P	D	I
S	B	N	L	E	X	K	A	H	P	F	A	R	M	E	J
X	I	R	E	T	S	A	O	L	N	C	D	V	G	F	H
H	S	W	Q	I	O	R	Z	U	I	I	F	E	U	I	J
H	I	P	M	A	J	E	S	T	I	X	X	D	J	X	E

AQUARIUM
AREMORICA
ASTERIX
BELENUS
CAESAR

DORF
DRUIDE
FISCHE
GALLIER
HINKELSTEINE

IDEFIX
MAJESTIX
METHUSALIX
OBELIX
ROEMER

ROEMERLAGER
ROHRPOSTIX
TEUTATES
VERLEIHNIX
WALD

Lösung:

M	G	X	G	O	A	G	X	S	B	E	L	E	N	U	S
U	W	I	U	N	C	A	D	R	U	I	D	E	X	Y	K
I	S	L	O	H	I	L	L	G	K	M	Q	D	O	R	F
R	O	E	M	E	R	L	A	G	E	R	E	T	T	W	S
A	W	B	H	D	O	I	W	O	L	N	U	Y	H	E	L
U	Z	O	J	S	M	E	G	G	I	B	P	P	T	C	X
O	M	V	Z	C	E	R	W	E	R	S	D	A	K	I	P
A	G	E	E	E	R	V	T	R	E	J	T	S	T	V	E
C	P	C	T	R	A	S	G	J	M	U	E	S	E	H	R
F	E	V	W	H	L	Z	S	F	E	I	O	K	C	A	D
R	B	Z	A	E	U	E	R	T	O	P	X	S	S	I	T
V	P	S	K	T	E	S	I	V	R	P	I	E	P	D	I
S	B	N	L	E	X	K	A	H	P	F	A	R	M	E	J
X	I	R	E	T	S	A	O	L	N	C	O	V	G	F	H
H	S	W	Q	I	O	R	Z	U	I	I	F	E	U	I	J
H	I	P	M	A	J	E	S	T	I	X	X	D	J	X	E

Showtime!

Trage in dem Gitter immer dort ein + ein, wo etwas zutrifft. Alles andere in der Zeile und Spalte innerhalb eines 3x3-Blocks erhält dann automatisch ein –, weil es nicht mehr stimmen kann.

		SENDUNG		
		DINGSDA	NA SOWAS!	WETTEN, DASS ...?
GENRE	RATESHOW			
	FAMILIENSHOW			
	TALKSHOW			
MODERATOR	FRITZ EGNER			
	THOMAS GOTTSCHALK			
	FRANK ELSTNER			
JAHR	1981			
	1988			
	1982			

Wann kam welche Sendung ins Fernsehen und wie hießen die Moderatoren zu Beginn?

1. Die Familienshow wurde 1981 erstmalig ausgestrahlt.
2. Fritz Egner moderierte eine Rateshow, die sechs Jahre nach „Na sowas!" mit Thomas Gottschalk als Moderator startete.
3. „Dingsda" etablierte sich im Jahr 1988.

Lösung:

	DINGSDA	NA SOWAS!	WETTEN, DASS ...?
RATESHOW	+	–	–
FAMILIENSHOW	–	–	+
TALKSHOW	–	+	–
FRITZ EGNER	+	–	–
THOMAS GOTTSCHALK	–	+	–
FRANK ELSTNER	–	–	+
1981	–	–	+
1988	+	–	–
1982	–	+	–

Sendung	Genre	Moderator	Jahr
Dingsda	Rateshow	Fritz Egner	1988
Na sowas!	Talkshow	Thomas Gottschalk	1982
Wetten, dass …?	Familienshow	Frank Elstner	1981

Buchstaben-Sudoku

Die Buchstaben K, I, T, E, U, A, M, S und P müssen so eingetragen werden, dass sie in jeder Zeile, jeder Spalte und in jedem 3x3-Feld nur einmal vorkommen. Gesucht ist etwas, das früher gern an die Liebsten verschenkt wurde.

	K	I				T	E	
U		A				I		M
T	E		K		S		A	P
		K	U		E	M		
		E	S		M	K		
S	I		P		K		M	A
K		P				S		I
	A	T				P	U	

Lösung:

P	K	I	A	M	U	T	E	S
U	S	A	T	E	P	I	K	M
T	E	M	K	I	S	U	A	P
I	P	K	U	A	E	M	S	T
M	U	S	I	K	T	A	P	E
A	T	E	S	P	M	K	I	U
S	I	U	P	T	K	E	M	A
K	M	P	E	U	A	S	T	I
E	A	T	M	S	I	P	U	K

1989-Quiz

Was ist wirklich **1989** passiert und was nicht?

	JA	NEIN
David Hasselhoff sucht vor dem Brandenburger Tor nach Freiheit.	☐	☐
„Top, die Wette gilt!“, ruft Frank Elstner erstmalig.	☐	☐
Die erste Love Parade verbreitet „Friede, Freude, Eierkuchen“.	☐	☐
Der kleine Ford Ka flitzt vom Band.	☐	☐
Pro7 nimmt den Sendebetrieb auf.	☐	☐
Ein Teenager erreicht bei „Tetris“ das Level 255.	☐	☐
George H. W. Bush tritt sein Amt als US-Präsident an.	☐	☐
Der Toast Hawaii erobert die deutsche Küche.	☐	☐
Die Spice Girls bringen Würze in die Musikcharts.	☐	☐
MTV Europe strahlt zum ersten Mal eine Sendung aus Ost-Berlin aus, die Einschaltquote: 35 000 000.	☐	☐

Lösung:

David Hasselhoff sucht vor dem Brandenburger Tor nach Freiheit. – **Ja**

„Top, die Wette gilt!“, ruft Frank Elstner erstmalig.
Nein, „Wetten, dass ...?“ wurde schon 1981 ausgestrahlt und von Frank Elstner moderiert.

Die erste Love Parade verbreitet „Friede, Freude, Eierkuchen“. – **Ja**

Der kleine Ford Ka flitzt vom Band.
Nein, der Ford Ka kam erst 1996 auf den Markt.

Pro7 nimmt den Sendebetrieb auf. – **Ja**

Ein Teenager erreicht bei „Tetris“ das Level 255.
Nein, dieses Level konnte tatsächlich erst 2024 geknackt werden.

George H. W. Bush tritt sein Amt als US-Präsident an. – **Ja**

Der Toast Hawaii erobert die deutsche Küche.
Nein, der Toast Hawaii wurde schon 1955 in Deutschland bekannt.

Die Spice Girls bringen Würze in die Musikcharts.
Nein, die Spice Girls wurden erst 1996 gegründet.

MTV Europe strahlt zum ersten Mal eine Sendung aus Ost-Berlin aus, die Einschaltquote: 35 000 000. – **Ja**

Fehlersuche

Findest du die 5 Unterschiede?

Boris Becker gewinnt 1986 zum zweiten Mal in Wimbledon.

Lösung:

Was gehört nicht dazu?

Hier sind neun Kult-Objekte abgebildet. Eines davon passt jedoch nicht zu den 80er-Jahren. Welches ist es?

Lösung:

Die **PlayStation 1** gehört nicht dazu,
denn sie kam in Europa erst 1995 auf den Markt.

Vorhang auf!

Welcher Film wird hier gesucht?

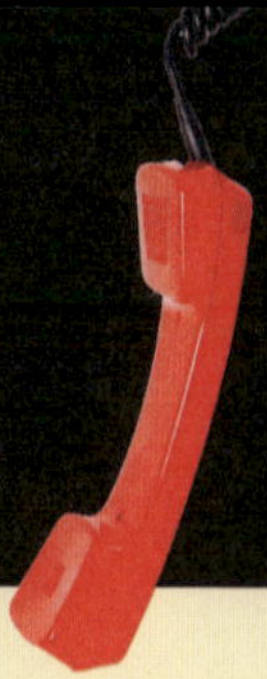

Aliens landen auf der Erde. Wollen sie Krieg? Alles ausrotten? Nicht im gesuchten Film, der für die ganze Familie konzipiert und mit einer FSK-6-Freigabe veröffentlicht wurde. Hier handelt es sich um außerirdische Botaniker, die nahe einer amerikanischen Siedlung diskret im Wald landen, um Pflanzenproben zu sammeln und ebenso diskret wieder zu verschwinden. Dieser Plan scheitert, weil ein Trupp menschlicher Regierungsbeamter dazwischen platzt. In ihrer überstürzten Flucht per Raumschiff, welches aussieht wie ein Fußball mit Düsenantrieb, vergessen die Aliens leider einen der Ihren im Wald. Das Alien, verloren und verfolgt, verkriecht sich im Schuppen eines Hauses, wo es von einem dort wohnenden Zehnjährigen aufgestöbert wird – der Beginn einer wunderbaren Freundschaft, die sogar zu einer telepathischen Verbindung zwischen Kind und Alien führt. Während der Junge versucht, seinen Weltraum-Freund vor dem Zugriff informationsgieriger Regierungsbeauftragter zu retten, und dabei mit ihm von einem Abenteuer ins nächste stürzt, will das fremde Wesen vor allem eines: nach Hause. Wenn schon nicht persönlich, dann wenigstens per Telefon. Dieser sehnlichst formulierte Wunsch des Extraterrestrischen entwickelte sich nach diesem weltweiten Kinoerfolg zum geflügelten Wort. Informatiker umschreiben damit Programme, die ihre Daten ohne Wissen des Benutzers an eine unbekannte Zentrale weitergeben.

Lösung:

„E.T. – Der Außerirdische", 1982

Verrückte Modewelt

Wenn die Buchstaben der abgebildeten Gegenstände, wie angegeben, getauscht, ersetzt oder weggelassen werden, ergeben sich Dinge, die nicht aus den 80ern wegzudenken sind.

1,2,3,5,4

U=N 1=J
4,2,3,1

5,2,4,1

6,2,4,1

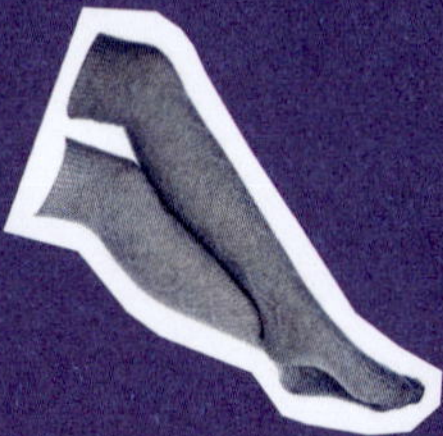

~~1,2,3,4~~
8=U ~~11,12~~

1,6,3,4 +E

~~ASCHE~~

2,6,4,3,1

~~5,6~~

Lösung:

Karton = Karot
Beutel = tenj
Sahne = eans

Karottenjeans

Zeitung = Netz
Kniestrümpfe = strump
Frosch = fhose

Netzstrumpfhose

Schultasche = Schult
Leopard = erpol
Sterne = ster

Schulterpolster

Rechenpyramide

Zwei nebeneinanderstehende Zahlen werden zusammengezählt und ergeben so die darüber stehende Zahl. In der untersten Reihe sind nur Zahlen zwischen 1 und 9 einzutragen.

59	59						
		30					
17							
		7			7		
						5	6

Lösung:

460

233 227

118 115 112

59 59 56 56

30 29 30 26 30

17 13 16 14 12 18

11 6 7 9 5 7 11

6 5 1 6 3 2 5 6

Welche Brücke?

Es dauerte knapp 50 Jahre, bis diese weltberühmte Brücke 1984 in die Liste der historischen Meilensteine der Ingenieurbaukunst der USA aufgenommen wurde. Heute gilt sie als Wahrzeichen San Franciscos.

MASS									WIDRIG
LAUB									MÄNNER
HOLZ									OFEN
BLICK									HERR
LAGER									LILIE
DICHT									GESCHICHTE
WASSER									FREI
KOBALT									PAUSE
PELZ									GARTEN
KASPERLE									KRITIK

Es sind Begriffe zu finden und in die Leerfelder einzutragen, die die Begriffe in der linken Spalte sinnvoll ergänzen, gleichzeitig den Begriffen der rechten Spalte vorangestellt werden und diese ebenfalls zu sinnvollen Begriffen erweitern. Unter dem Pfeil ergibt sich von oben nach unten der Name der gesuchten Brücke.

Lösung:

	R	E	G	E	L		
	F	R	O	S	C	H	
K	O	H	L	E			
F	E	L	D				
		F	E	U	E	R	
	K	U	N	S	T		
	V	O	G	E	L		
	B	L	A	U			
			T	I	E	R	
	T	H	E	A	T	E	R

Labyrinth

Die Trauung von Prinz Charles und Lady Diana galt auch lange nach 1981 noch als Hochzeit des Jahrhunderts und vielleicht ist sie es bis heute. Der Weg durch das Labyrinth, der die beiden direkt miteinander verbindet, verrät den Namen ihres erstgeborenen Sohnes.

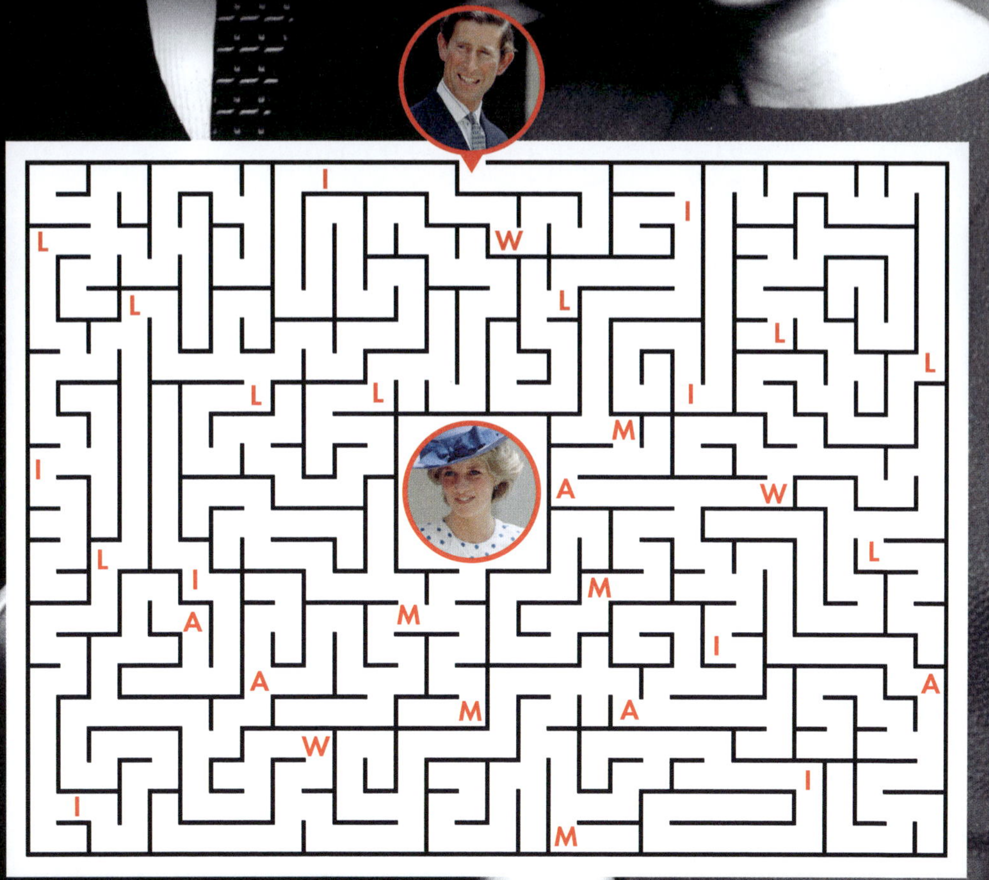

Lösung:

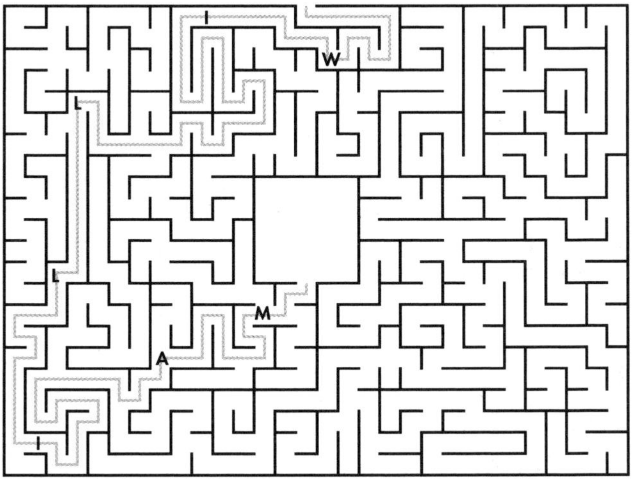

WILLIAM

ABC-Rätsel

Was ist hier gesucht?

Welches A
hielt sich 1980 mit „Highway To Hell" über viele, viele Wochen in den deutschen Singlecharts?

....

Welches B
war die Heimat des Dauer-Fußballmeisters der DDR in den 80er-Jahren?

....

Welches C
explodierte kurz nach dem Start 1986 auf dem Weg ins All?

....

Welches D
gilt als Geburtsstätte der polnischen Gewerkschaft Solidarność?

....

Welches E
moderierte Hans-Joachim Kulenkampff 1987 letztmalig?

....

Welche F
lösten 1982 einen Krieg zwischen Argentinien und Großbritannien aus?

....

....

Lösung:

Welches A
AC/DC

Welches B
Berlin

Welches C
Challenger

Welches D
Danzig

Welches E
„Einer wird gewinnen"

Welche F
Falklandinseln

Zeitreise

Wann geschah was?
Jedem Ereignis ist eine Jahreszahl zuzuordnen.

In Karlsruhe werden DIE GRÜNEN gegründet.

„Blade Runner", mit Harrison Ford in der Hauptrolle, feiert Premiere.

„Das Phantom der Oper" von Andrew Lloyd Webber wird in London uraufgeführt.

In der ARD wird die erste „Lindenstraße"-Folge ausgestrahlt.

Die Volkszählung führt in der Bundesrepublik zu Boykott-Aufrufen.

In Berlin wird erstmals die Compact Disc vorgestellt.

1982 1980 1981 1987

1985 1986

Lösung:

1980 – In Karlsruhe werden DIE GRÜNEN gegründet.

1981 – In Berlin wird erstmals die Compact Disc vorgestellt.

1982 – „Blade Runner“, mit Harrison Ford in der Hauptrolle, feiert Premiere.

1985 – In der ARD wird die erste „Lindenstraße“-Folge ausgestrahlt.

1986 – „Das Phantom der Oper“ wird in London uraufgeführt.

1987 – Die Volkszählung führt in der Bundesrepublik zu Boykott-Aufrufen.

Traumpaare der 80er

Verbinde alle Paare mit Linien – ohne dass sich die Linien kreuzen. Dabei muss jedes Kästchen des Rasters Teil einer Verbindung sein. Die Linien dürfen nur waagerecht oder senkrecht verlaufen, jeweils von der Mitte eines Kästchens zur Mitte des nächsten.

Prinzessin Leia und Han Solo

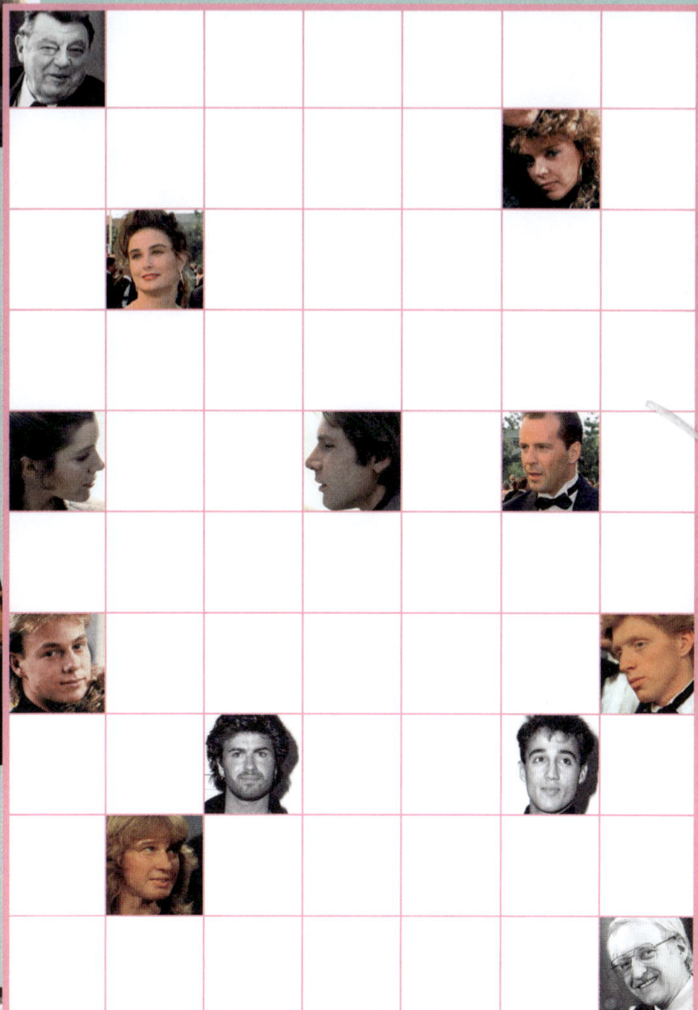

Demi Moore und Bruce Willis

Scott Robinson und Charlene Mitchell

Steffi Graf und Boris Becker

Franz Josef Strauß und Edmund Stoiber

George Michael und Andrew Ridgeley

Lösung:

Freizeit-Programm

Durch Umstellen der Buchstaben erfährst du, …

1

GARETH SCUNAS BUNDE

… welche Ausstellung Gareth Scunas aus Bunde 1989 in Frankfurt besucht hat.

2

ROGER SPRENF HAMM

… worauf sich Roger Sprenf aus Hamm freut, seitdem private Anbieter zugelassen sind.

3

ULLA HURSCH OLFEN

… was Ulla Hursch aus Olfen bei Disco-Musik in der Halle macht.

Lösung:

1. Bundesgartenschau
2. Fernsehprogramm
3. Rollschuhlaufen

Serien mit Suchtfaktor

Schon in den 80ern spielten TV-Serien eine große Rolle im Programm der Sender. Welche ist hier gesucht?

Jahrelang hatte der Produzent der gesuchten Serie vergeblich versucht, deutsche Sender für seine Serienidee zu begeistern. Als es endlich klappte, trafen die Macher einen Publikumsnerv, den Wolfgang Rademann vorausgeahnt hatte. Die Entwicklung dieses Seriengenres führte aus gutem Grund sogar zu diversen Dissertationen und Diplomarbeiten. Dieses Phänomen musste schließlich untersucht werden, denn die Leute waren schlichtweg begeistert. Und zwar so sehr, dass sie an einen real existierenden Professor, seine Crew und eine Klinik glaubten. Zur Laufzeit der Serie strömten bis zu 200.000 Touristen jährlich in Reisebuskolonnen an die Badische Weinstraße, um bitter enttäuscht festzustellen, dass sich in der aus der Serie bekannten Klinik ein Sanatorium der Landesversicherungsanstalt Württemberg befand und sie ihre Leiden hier leider nicht von Professor Brinkmann kurieren lassen konnten. Das Sanatorium erhielt sogar diverse, offenbar „arztserienmotivierte" Stellenbewerbungen von promovierten Chirurgen, obwohl es nicht einmal über einen OP-Saal verfügte. Professor Brinkmann war so überzeugend, der musste einfach echt sein. Für den Darsteller Klausjürgen Wussow wurde dieser Erfolg zum Fluch – künftig war der renommierte Schauspieler auf die Rolle als Mediziner festgelegt. Und Sascha Hehn, der blonde Film-Sohn und Frauenschwarm der Nation, sprang so schön in sein Cabriolet wie kein anderer.

Lösung:

„Die Schwarzwaldklinik“, 1984 bis 1988

Familienbande

Hier verstecken sich 20 Begriffe rund um „Dallas“ – findest du alle? Sie sind waagerecht, senkrecht oder diagonal und auch rückwärts im Raster aufzuspüren.

W	D	D	B	C	A	L	L	Y	M	K	T	U	G	Q	X
L	W	E	R	S	C	H	O	S	S	A	U	F	J	R	M
F	P	A	M	B	A	R	N	E	S	S	C	P	K	Z	I
D	O	Z	R	T	M	M	R	K	I	A	K	H	T	N	C
Z	O	E	W	I	N	G	O	I	L	X	T	Q	T	X	H
R	F	N	O	W	E	A	U	N	E	E	U	R	Z	E	E
J	A	B	N	C	G	S	W	C	S	T	E	J	J	Y	L
K	E	Y	T	A	U	M	U	B	Y	L	A	P	O	R	L
L	Z	N	K	G	K	P	G	E	L	D	P	G	U	C	E
O	I	D	N	R	L	R	C	K	E	E	R	Z	Z	G	K
A	H	Z	I	A	E	I	E	B	J	L	I	Y	G	L	T
L	B	L	A	Y	W	B	W	B	M	D	L	C	N	U	X
J	L	O	J	D	E	A	B	O	B	B	Y	E	O	C	J
Y	R	A	G	H	A	X	D	S	W	S	B	D	N	Y	M
N	N	T	S	M	N	M	V	E	J	R	E	W	I	N	G
Y	V	Q	Z	D	H	B	S	N	E	G	I	R	T	N	I

APRIL
BOBBY
CALLY
DONNA KREBBS
EWING OIL

GARY
GELD
INTRIGEN
JENNA WADE
JOCK

JR EWING
LIZ ADAMS
LUCY
MACHT
MICHELLE

PAM BARNES
RAY KREBBS
SUE ELLEN
TEXAS
WER SCHOSS AUF JR

Lösung:

W	D	D	B	C	A	L	L	Y	M	K	T	U	G	Q	X
L	W	E	R	S	C	H	O	S	S	A	U	F	J	R	M
F	P	A	M	B	A	R	N	E	S	S	C	P	K	Z	I
D	O	Z	R	T	M	M	R	K	I	A	K	H	T	N	C
Z	D	E	W	I	N	G	O	I	L	X	T	Q	T	X	H
R	F	N	O	W	E	A	U	N	E	E	U	R	Z	E	E
J	A	B	N	C	G	S	W	C	S	T	E	J	J	Y	L
K	E	Y	T	A	U	M	U	B	Y	L	A	P	O	R	L
L	Z	N	K	G	K	P	G	E	L	O	P	G	U	C	E
O	I	D	N	R	L	R	C	K	E	E	R	Z	Z	G	K
A	H	Z	I	A	E	I	E	B	J	L	I	Y	G	L	T
L	B	L	A	Y	W	B	W	B	M	D	L	C	N	U	X
J	L	O	J	D	E	A	B	O	B	B	Y	E	O	C	J
Y	R	A	G	H	A	X	D	S	W	S	B	D	N	Y	M
N	N	T	S	M	N	M	V	E	J	R	E	W	I	N	G
Y	V	Q	Z	D	H	B	S	N	E	G	I	R	T	N	I

Kinoabend

Trage in dem Gitter immer dort ein + ein, wo etwas zutrifft. Alles andere in der Zeile und Spalte innerhalb eines 3x3-Blocks erhält dann automatisch ein –, weil es nicht mehr stimmen kann.

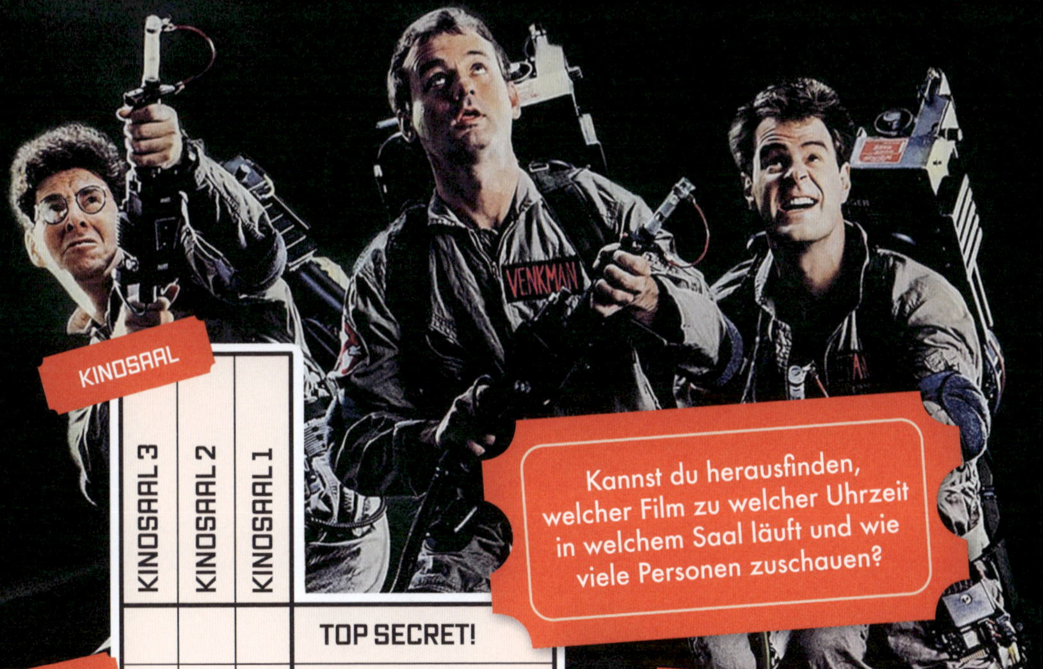

KINOSAAL

		KINOSAAL 3	KINOSAAL 2	KINOSAAL 1
FILM	TOP SECRET!			
	GHOSTBUSTERS			
	KARATE KID			
ZUSCHAUER	40			
	120			
	250			
UHRZEIT	18 UHR			
	19 UHR			
	22 UHR			

Kannst du herausfinden, welcher Film zu welcher Uhrzeit in welchem Saal läuft und wie viele Personen zuschauen?

1. „Ghostbusters“ um 18 Uhr sehen sich die meisten Zuschauer an.
2. Kinosaal 2 hat weniger Besucher als „Top Secret!“.
3. Um 19 Uhr sitzen 120 Leute in Kinosaal 3.

Lösung:

KINOSAAL 3	KINOSAAL 2	KINOSAAL 1	
+	–	–	TOP SECRET!
–	–	+	GHOSTBUSTERS
–	+	–	KARATE KID
–	+	–	40
+	–	–	120
–	–	+	250
–	–	+	18 UHR
+	–	–	19 UHR
–	+	–	22 UHR

Kinosaal	Film	Zuschauer	Uhrzeit
Kinosaal 1	Ghostbusters	250	18 Uhr
Kinosaal 2	Karate Kid	40	22 Uhr
Kinosaal 3	Top Secret!	120	19 Uhr

Buchstaben-Sudoku

Die Buchstaben T, H, Z, A, C, G, I, R und E müssen so eingetragen werden, dass sie in jeder Zeile, jeder Spalte und in jedem 3x3-Feld nur einmal vorkommen. Gesucht ist die Blütezeit von einigen der größten Rockstars aller Zeiten.

G	H		R		C		T	E
R			I		E			Z
			Z		G			
Z	E	I				H	C	T
T	G	R				A	Z	I
			E		Z			
I			G		A			H
C	A		H		T		I	G

Lösung:

G	H	Z	R	A	C	I	T	E
R	T	A	I	H	E	C	G	Z
E	I	C	Z	T	G	R	H	A
Z	E	I	A	G	R	H	C	T
A	C	H	T	Z	I	G	E	R
T	G	R	C	E	H	A	Z	I
H	R	G	E	I	Z	T	A	C
I	Z	T	G	C	A	E	R	H
C	A	E	H	R	T	Z	I	G

1985-Quiz

Was ist wirklich **1985** passiert und was nicht?

	JA	NEIN
Nena landet mit „99 Luftballons“ einen internationalen Hit.	☐	☐
Im geteilten Berlin kommt es zum größten Agentenaustausch zwischen West und Ost nach dem Zweiten Weltkrieg.	☐	☐
Das Wrack der Titanic wird von den Forschern Jean-Louis Michel und Robert Ballard entdeckt.	☐	☐
Bei Brokdorf demonstrieren Zehntausende gegen den Bau des Kernkraftwerks.	☐	☐
Zum ersten Mal besucht mit Erich Honecker ein DDR-Staatschef offiziell die Bundesrepublik.	☐	☐
Commodore stellt den Amiga (später in Amiga 1000 umbenannt) im Lincoln Center in New York, USA, vor.	☐	☐
Auf dem Nürburgring findet zum ersten Mal das Musikfestival Rock am Ring statt.	☐	☐
Die Single „Take On Me“ der Band a-ha steigt in die deutschen Single-Charts ein.	☐	☐
Bruce Springsteen gibt das größte Rockkonzert in der Geschichte der DDR.	☐	☐
Aus dem Pariser Musée Marmottan Monet werden neun Gemälde des Malers Claude Monet gestohlen.	☐	☐

Lösung:

Nena landet mit „99 Luftballons" einen internationalen Hit.
Nein, der Song kam bereits 1983 heraus und wurde ein Jahr später sogar in den USA ein Nummer-1-Hit.

Im geteilten Berlin kommt es zum größten Agentenaustausch zwischen West und Ost nach dem Zweiten Weltkrieg. – **Ja**

Das Wrack der Titanic wird von den Forschern Jean-Louis Michel und Robert Ballard entdeckt. – **Ja**

Bei Brokdorf demonstrieren Zehntausende gegen den Bau des Kernkraftwerks.
Nein, die Demonstration fand schon 1981 statt und galt bis dahin als die größte Demonstration gegen die Nutzung von Kernenergie in der Bundesrepublik.

Zum ersten Mal besucht mit Erich Honecker ein DDR-Staatschef offiziell die Bundesrepublik.
Nein, sein Besuch erfolgte 1987.

Commodore stellt den Amiga (später in Amiga 1000 umbenannt) im Lincoln Center in New York, USA, vor. – **Ja**

Auf dem Nürburgring findet zum ersten Mal das Musikfestival Rock am Ring statt. – **Ja**

Die Single „Take On Me" der Band a-ha steigt in die deutschen Single-Charts ein. – **Ja**

Bruce Springsteen gibt das größte Rockkonzert in der Geschichte der DDR.
Nein, er gab das Konzert erst 1988.

Aus dem Pariser Musée Marmottan Monet werden neun Gemälde des Malers Claude Monet gestohlen. – **Ja**

Fehlersuche

Findest du die 5 Unterschiede?

Szene aus der ZDF-Familienserie „Die Drombuschs" (1983 – 1994)

Lösung:

Was gehört nicht dazu?

Hier sind acht Kult-Objekte abgebildet.
Eines davon passt jedoch nicht zu den
80er-Jahren. Welches ist es?

Lösung:

Crocs gehören nicht dazu, denn die wurden erst 2002 vorgestellt – ursprünglich konzipiert als Bootsschuhe, unter anderem wegen ihrer Rutschfestigkeit. Erst 2005 kamen sie auch in Deutschland auf den Markt.

Vorhang auf!

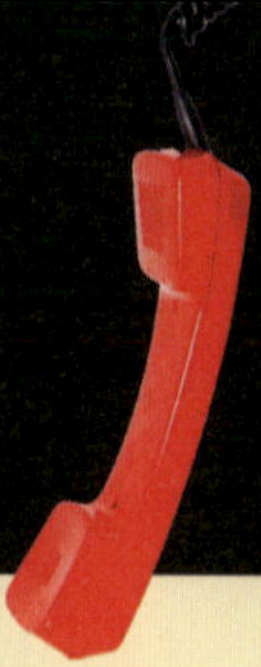

Welcher Film wird hier gesucht?

Der gesuchte Film basiert auf einer Legende über Kreaturen, die bis in die Zeit des Zweiten Weltkriegs zurückreicht: Versagte die Technik, gaben Mitglieder der Royal Air Force spaßeshalber gerne diesen Fabelwesen die Schuld. In der britischen Luftwaffe diente auch Kinderbuchautor Roald Dahl, der 1943 eine entsprechende Geschichte zu Papier brachte. Und schon damals wären die kleinen Wesen beinahe auf Film gebannt worden: Großes Interesse an einer Verfilmung des Buches von Dahl zeigte nämlich Walt Disney. Dazu sollte es jedoch nie kommen. Und so ließen sich viele Jahre später Drehbuchautor Chris Columbus und Regisseur Joe Dante von dem Stoff inspirieren. Alles beginnt damit, dass der Erfinder Randall Peltzer ein flauschiges Tierchen mit großen Kulleraugen von einem geheimnisvollen Händler in Chinatown kauft. Dieser gibt ihm drei wichtige Regeln mit auf den Weg: Ein Mogwai darf nie dem Sonnenlicht ausgesetzt werden, er darf nicht nass werden und er darf niemals nach Mitternacht gefüttert werden. Es kommt, wie es kommen muss: Nach einem Missgeschick, bei dem der kleine Gizmo nass wird, platzen viele neue Mogwais aus seinem Fell. Diese sind nicht nur nicht so friedliebend wie er, sondern werden nach ihrer Verpuppung und unter ihrem Anführer Stripe zu aggressiven, Echsen ähnlichen Monstern. Zum Glück gelingt es dem liebenswerten Kuscheltier Gizmo, die Stadt am Ende vor seinen bösartigen Abkömmlingen zu retten.

Lösung:

„Gremlins – Kleine Monster“, 1984

Press Start

Wenn die Buchstaben der abgebildeten Gegenstände, wie angegeben, getauscht, ersetzt oder weggelassen werden, ergeben sich Dinge, die nicht aus den 80ern wegzudenken sind.

1,5 3=C 1,6,7

1,2,3 1=M

~~4,5~~

~~4,5~~ L=Y

1,2,3,4 Ä=O

~~3,7~~

4,6,1,2

5,3,4,2,1 ~~6,7,8,9~~ 5=C

Lösung:

Akkordeon	= Arcade
Auto	= Auto
Katze	= mat

Arcade-Automat

Donut	= Don
Kelch	= key
Känguru	= Kong

Donkey Kong

Schiene	= Scien
Fische	= ce Fi
Notizbuch	= ction

Science-Fiction

Rechenpyramide

Zwei nebeneinanderstehende Zahlen werden zusammengezählt und ergeben so die darüber stehende Zahl. In der untersten Reihe sind nur Zahlen zwischen 1 und 9 einzutragen.

Lösung:

711							
374	337						
194	180	157					
99	95	85	72				
50	49	46	39	33			
25	25	24	22	17	16		
12	13	12	12	10	7	9	
5	7	6	6	6	4	3	6

Welche Brücke?

1985 wurde die älteste im Originalzustand erhaltene Brücke über die Seine in Paris von dem Künstlerpaar Christo und Jeanne-Claude verhüllt. Wie heißt sie?

DICK									STAND
ZINN									DECK
SPRINKLER									BERATER
RECHTS									MACHT
FEIER									ANZUG
WECHSEL									SORTE
OBER									SACHE
LAGER									LAND

Es sind Begriffe zu finden und in die Leerfelder einzutragen, die die Begriffe in der linken Spalte sinnvoll ergänzen, gleichzeitig den Begriffen der rechten Spalte vorangestellt werden und diese ebenfalls zu sinnvollen Begriffen erweitern. Unter dem Pfeil ergibt sich von oben nach unten der Name der gesuchten Brücke.

Lösung:

	K	O	P	F			
			O	B	E	R	
		A	N	L	A	G	E
		S	T	R	E	I	T
A	B	E	N	D			
		G	E	L	D		
	H	A	U	P	T		
			F	E	U	E	R

Labyrinth

Arnold Schwarzenegger und Danny DeVito bewiesen Hollywood, dass Gegensätze perfekt harmonieren können. Der Weg durch das Labyrinth, der die beiden direkt miteinander verbindet, verrät den Namen eines Films, in dem sie zusammen zu sehen sind.

Lösung:

„TWINS – ZWILLINGE“

„Endlich: Die eigenen vier Wände!“

Ein eigenes Haus ist der Wunsch vieler Menschen. Sechs Haus-Bestandteile sind hier versteckt. Beginnend mit dem farbig markierten Buchstaben soll ein Weg durch das Feld gefunden werden. Es kann waagerecht und senkrecht gegangen werden, aber nicht schräg. Die Hausteile können ganz oder in Teilen auch rückwärts verlaufen!

E	T	T	E	O	K
L	I	O	T	N	L
K	E	L	R	E	A
N	I	L	T	P	B
A	M	E	R	P	E
K	E	K	C	E	D

Lösung:

DECKE

KAMIN

KELLER

TREPPE

BALKON

TOILETTE

Zeitreise

Wann geschah was?
Jedem Ereignis ist eine Jahreszahl zuzuordnen.

Prinz Charles und Lady Diana heiraten in der St. Paul's Cathedral in London.

In Wien wird das Hundertwasser-Haus fertiggestellt.

Die Bundesrepublik verliert im Finale der Fußball-WM gegen Italien.

John Lennon wird in New York erschossen.

Zwischen Stuttgart und Neu-Ulm wird eine 108 Kilometer lange Menschenkette gebildet, als Protest gegen den NATO-Doppelbeschluss.

Die Sitcom „Alf" wird zum ersten Mal in Deutschland ausgestrahlt.

1983 1980 1985 1988

1981 1982

Lösung:

1980 – John Lennon wird in New York erschossen.

1981 – Prinz Charles und Lady Diana heiraten in der St. Paul's Cathedral in London.

1982 – Die Bundesrepublik verliert im Finale der Fußball-WM gegen Italien.

1983 – Zwischen Stuttgart und Neu-Ulm wird eine 108 Kilometer lange Menschenkette gebildet, als Protest gegen den NATO-Doppelbeschluss.

1985 – In Wien wird das Hundertwasser-Haus fertiggestellt.

1988 – Die Sitcom „Alf" wird zum ersten Mal in Deutschland ausgestrahlt.

Traumpaare der 80er

Verbinde alle Paare mit Linien – ohne dass sich die Linien kreuzen. Dabei muss jedes Kästchen des Rasters Teil einer Verbindung sein. Die Linien dürfen nur waagerecht oder senkrecht verlaufen, jeweils von der Mitte eines Kästchens zur Mitte des nächsten.

Nick Hurley und Alex Owens aus „Flashdance"

Sean Penn und Madonna

Charlie und Maverick aus „Top Gun"

Lloyd und Diane aus „Teen Lover"

Jutta Müller und Katarina Witt

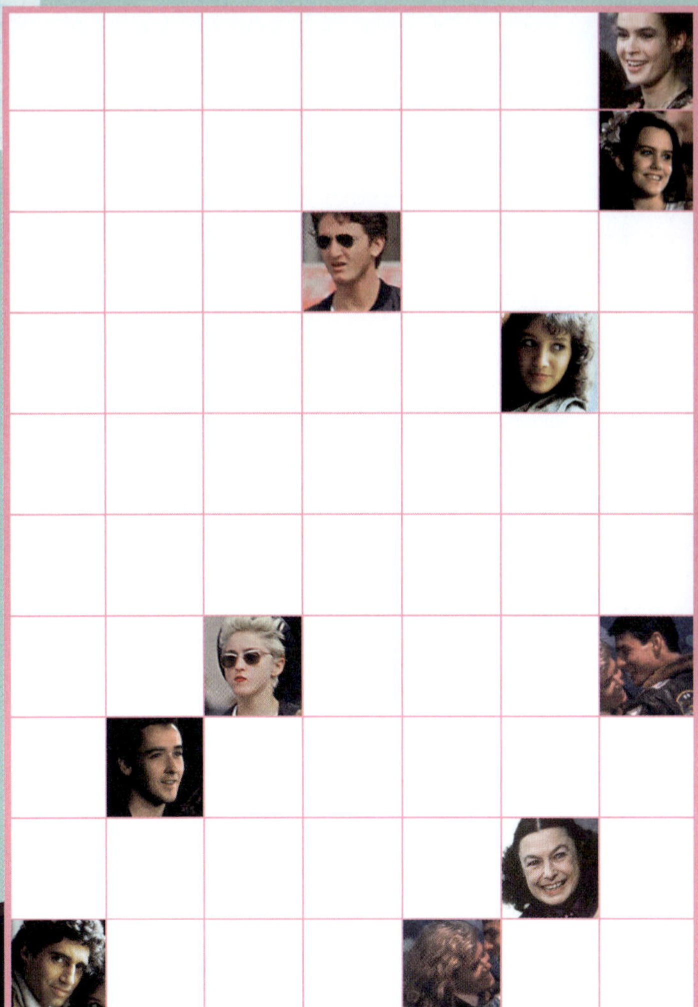

Lösung:

Neuigkeiten

Durch Umstellen der Buchstaben erfährst du,...

1

HAUG BANETO BÜHREN

... welche 1985 eingeführte Abgabe Haug Baneto aus Bühren bei der Einreise in die Schweiz verärgerte.

2

TROST ZAPPL EDAM

... wo sich Trost Zappl aus Edam am Tag des Mauerfalls befand.

3

UWE WERTGRUN TANN

... welche Radiomeldung Uwe Wertgrun aus Tann sehr besorgt gemacht hat, als seine Schwester 1984 vom Hagelsturm in München bedroht war.

Lösung:

1. Autobahngebühren

2. Potsdamer Platz

3. Unwetterwarnung

Serien mit Suchtfaktor

Schon in den 80ern spielten TV-Serien eine große Rolle im Programm der Sender. Welche ist hier gesucht?

Der Produzent der gesuchten Serie äußerte einen Sonderwunsch. Seine Familie hatte die NS-Zeit im brasilianischen Exil überstanden. Die animierte Hauptfigur erhielt deshalb Kleidungsstücke in den brasilianischen Nationalfarben Grün und Gelb. Dazu zerzauste, rote Haare und die Energie eines Vorschulkindes – das ergab einen bunten Kontrast zum gemütlich-grantigen, großväterlichen Handwerker, mit dem der Krawallknirps eine zufällige Hausgemeinschaft eingeht. Der Kleine behauptet, ein Nachfahre der Klabautermänner zu sein. So benimmt er sich auch. Er ist rebellisch und respektlos. Wo er ist, herrscht in aller Regel Chaos. Damit bringt er seinen Menschenfreund oft in große Verlegenheit, wenn der wieder gegenüber Dritten Erklärungen für etwas finden muss, was der Kleine angerichtet hat. Was schon deshalb schwierig ist, weil der für diese unsichtbar ist. Egal. Das Publikum schmilzt – ebenso wie der gutmütige Handwerker – sofort dahin, wenn der Kleine seine liebenswerten Seiten präsentiert, seine Sicht der Dinge in putzige Reime packt („Heute ist die Nase rot, ich sterbe an dem Sahnetod“) oder in originellen Weisheiten formuliert („Meine Zähne klappern am meisten, obwohl sie am wenigsten frieren“). Kulisse ist die Stadt, von der man bereits im Beginn jeder Folge die Frauenkirche sieht – und den Kobold, der über Hausdächer hüpft und die Buchstaben des Vorspanns durcheinander bringt.

Lösung:

„Meister Eder und sein Pumuckl",
1982 bis 1983 und 1988 bis 1989

Leinen los!

Hier verstecken sich 17 Begriffe rund um „Das Traumschiff" – findest du alle? Sie sind waagerecht, senkrecht oder diagonal und auch rückwärts im Raster aufzuspüren.

S	F	G	C	P	F	H	S	M	P	D	C	K	M	E	F
S	Q	I	V	E	I	F	U	S	C	F	H	N	I	N	R
E	P	W	U	M	Z	B	A	B	H	H	U	S	C	R	L
T	E	K	S	A	R	B	N	E	A	T	I	P	A	K	M
S	N	N	X	I	X	Z	C	R	I	R	C	H	U	N	Y
O	T	I	I	A	W	A	H	L	Z	W	O	W	X	C	E
H	J	E	P	Q	U	B	O	I	T	D	M	Y	N	E	V
K	U	G	F	S	B	R	N	N	Z	D	A	X	S	S	J
N	E	F	E	A	H	L	L	P	R	L	L	D	N	H	U
P	A	R	Z	U	N	T	X	A	I	N	E	K	E	X	I
Y	E	N	D	Y	S	B	W	R	U	U	D	U	A	W	V
L	N	B	A	L	I	E	U	E	S	B	I	M	T	R	D
N	W	A	N	V	T	D	E	R	Y	D	V	U	I	Y	J
F	M	S	A	S	T	O	R	R	G	K	E	H	P	P	W
H	G	T	H	A	I	L	A	N	D	E	N	N	A	M	P
C	C	L	V	B	A	H	A	M	A	S	R	B	K	R	G

BAHAMAS
BALI
HAEFEN
HAWAII

HOSTESS
KAPITAEN
KAPITAEN BRASKE
KENIA
MALEDIVEN

MS ASTOR
MS BERLIN
STEFAN BURGER
STEWARD
SUEDSEE

SYDNEY
THAILAND
URLAUB

Lösung:

S	F	G	C	P	F	H	S	M	P	D	C	K	M	E	F
S	Q	I	V	E	I	F	U	S	C	F	H	N	I	N	R
E	P	W	U	M	Z	B	A	B	H	H	U	S	C	R	L
T	E	K	S	A	R	D	N	E	A	T	I	P	A	K	M
S	N	N	X	I	X	Z	C	R	I	R	C	H	U	N	Y
D	T	I	I	A	W	A	H	L	Z	W	D	W	X	C	E
H	J	E	P	Q	U	B	O	I	T	D	M	Y	N	E	V
K	U	G	F	S	B	R	N	N	Z	D	A	X	S	S	J
N	E	F	E	A	H	L	L	P	R	L	L	D	N	H	U
P	A	R	Z	U	N	T	X	A	I	N	E	K	E	X	I
Y	E	N	D	Y	S	B	W	R	U	U	D	U	A	W	V
L	N	B	A	L	I	E	U	E	S	B	I	M	T	R	D
N	W	A	N	V	T	D	E	R	Y	D	V	U	I	Y	J
F	M	S	A	S	T	O	R	R	G	K	E	H	P	P	W
H	G	T	H	A	I	L	A	N	D	E	N	N	A	M	P
C	C	L	V	B	A	H	A	M	A	S	R	B	K	R	G

Übermenschlich

Trage in dem Gitter immer dort ein + ein, wo etwas zutrifft. Alles andere in der Zeile und Spalte innerhalb eines 3x3-Blocks erhält dann automatisch ein –, weil es nicht mehr stimmen kann.

Kannst du herausfinden, welche Kräfte die Helden haben, wer ihre Gehilfinnen sind und wie ihre Erzfeinde heißen?

		HELD: BATMAN	ROBOCOP	CONAN DER BARBAR
KRAFT	PRÄZISION			
	TECHNISCHE HILFSMITTEL			
	SCHWERTKAMPF			
GEHILFIN	ANNE LEWIS			
	VALERIA			
	VICKI VALE			
ERZFEIND	THULSA DOOM			
	JOKER			
	CLARENCE BODDICKER			

1. Batman benutzt diverse technische Hilfsmittel. Ihm macht Thulsa Doom keine Schwierigkeiten.
2. Beim Kampf gegen Clarence Boddicker hilft Anne Lewis dem Helden mit der überragenden Präzision.
3. Valeria unterstützt Conan den Barbaren.

Lösung:

BATMAN	ROBOCOP	CONAN DER BARBAR	
–	+	–	PRÄZISION
+	–	–	TECHNISCHE HILFSMITTEL
–	–	+	SCHWERTKAMPF
–	+	–	ANNE LEWIS
–	–	+	VALERIA
+	–	–	VICKI VALE
–	–	+	THULSA DOOM
+	–	–	JOKER
–	+	–	CLARENCE BODDICKER

Held	Kraft	Gehilfin	Erzfeind
Conan der Barbar	Schwertkampf	Valeria	Thulsa Doom
Robocop	Präzision	Anne Lewis	Clarence Boddicker
Batman	Technische Hilfsmittel	Vicki Vale	Joker

Buchstaben-Sudoku

Die Buchstaben Y, P, U, K, C, E, B, R und N müssen so eingetragen werden, dass sie in jeder Zeile, jeder Spalte und in jedem 3x3-Feld nur einmal vorkommen. Gesucht ist eine Stilrichtung der Literatur.

R			B		E			N
		P	K		R	Y		
	B		P		U		E	
K	E	R				P	C	Y
P	U	N				R	B	E
	C		R		K		Y	
		Y	N		B	E		
N			Y		C			U

Lösung:

R	K	U	B	Y	E	C	P	N
E	N	P	K	C	R	Y	U	B
Y	B	C	P	N	U	K	E	R
K	E	R	U	B	N	P	C	Y
C	Y	B	E	R	P	U	N	K
P	U	N	C	K	Y	R	B	E
B	C	E	R	U	K	N	Y	P
U	R	Y	N	P	B	E	K	C
N	P	K	Y	E	C	B	R	U

1987-Quiz

Was ist wirklich **1987** passiert und was nicht?

	JA	NEIN
Der Privatsender Eureka TV beginnt den Sendebetrieb – aus ihm wird später Pro7.	☐	☐
In Kairo wird die erste U-Bahn-Linie Afrikas eröffnet.	☐	☐
Als erster deutscher Film gewinnt „Die Blechtrommel“ einen Oscar.	☐	☐
Die Fußballer Lionel Messi und Sami Khedira werden geboren.	☐	☐
Schauspieler Clint Eastwood wird im kalifornischen Carmel zum Bürgermeister gewählt.	☐	☐
In der Innenstadt von Buxtehude wird die erste Tempo-30-Zone in Deutschland eingerichtet.	☐	☐
Der Softwarekonzern Microsoft kündigt Windows 1.0 an.	☐	☐
Mit der „Barschel-Affäre“ beginnt der größte politische Skandal in der Geschichte Schleswig-Holsteins.	☐	☐
Im jugoslawischen Sarajevo finden die XIV. Olympischen Winterspiele statt.	☐	☐
Ronald Reagan wird zum 40. Präsident der USA.	☐	☐

Lösung:

Der Privatsender Eureka TV beginnt den Sendebetrieb –
aus ihm wird später Pro7. – **Ja**

In Kairo wird die erste U-Bahn-Linie Afrikas eröffnet. – **Ja**

Als erster deutscher Film gewinnt „Die Blechtrommel" einen Oscar.
Nein, diesen Oscar erhielt der Film, der auf dem Roman von Günter Grass basiert, bereits 1980.

Die Fußballer Lionel Messi und Sami Khedira werden geboren. – **Ja**

Schauspieler Clint Eastwood wird
im kalifornischen Carmel zum Bürgermeister gewählt.
Nein, diese Wahl erfolgte schon 1986.

In der Innenstadt von Buxtehude wird die erste
Tempo-30-Zone in Deutschland eingerichtet.
Nein, die erste deutsche Tempo-30-Zone gab es in Buxtehude schon 1983.

Der Softwarekonzern Microsoft kündigt Windows 1.0 an.
Nein, Windows 1.0 wurde bereits 1983 angekündigt.

Mit der „Barschel-Affäre" beginnt der größte politische Skandal
in der Geschichte Schleswig-Holsteins. – **Ja**

Im jugoslawischen Sarajevo finden
die XIV. Olympischen Winterspiele statt.
Nein, sie wurden 1984 ausgetragen.

Ronald Reagan wird 40. Präsident der USA.
Nein, das Amt hatte er ab 1981 inne.

Fehlersuche

Findest du die 5 Unterschiede?

Jugendliche 1984 an einem Commodore-Computer in einem Kaufhaus in Nürnberg.

Lösung:

Vorhang auf!

Welcher Film wird hier gesucht?

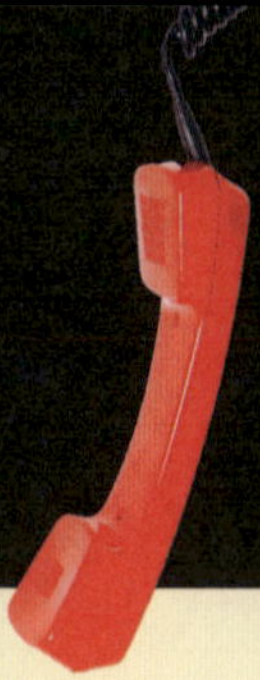

Die Hauptfigur des gesuchten Films schaffte es zweimal unter die Top 100 der „Greatest Movie Characters" des Empire-Magazins. Der Mann stammt ursprünglich aus einer Polizei-Serie, die 1982 auf dem US-Sender ABC lief. Auf der Serie basiert der zu erratende Kinofilm, in dem die Handlung ähnlich nebensächlich ist. Stattdessen bestehen die Szenen aus schier unendlichen Gags und Nonsens-Dialogen. Da wird statt durch die Tür auch schon mal an der Wand des Filmsets vorbeigegangen oder beim Blick durch ein Mikroskop beschwert sich der Protagonist darüber, dass er nichts sehen könne – sein Kollege empfiehlt ihm: „Nimm das offene Auge, Frank!" Um nach Spuren zu suchen, verschafft sich der Polizist unbemerkt Zugang zum Büro des vermeintlichen Drahtziehers eines geplanten Verbrechens. Hier zieht er die Schreibtischschublade auf und ruft: „Bingo!" – heraus nimmt er einen Bingoschein. Eine Notiz, die den Bösewicht überführen kann, findet Lieutenant Frank Drebin schließlich doch noch – leider verbrennt er sie aus Versehen und steckt dabei das komplette Apartment samt wertvoller Kunstschätze in Brand. Hier nicht mindestens schmunzeln zu müssen ist unmöglich. Schon allein deshalb, weil Hauptdarsteller Leslie Nielsen stets mit stoischem Ernst agiert, während um ihn herum groteskes Chaos herrscht. Ähnlich albern wird es auch in den beiden Fortsetzungen, die neben dem Filmnamen die Nummern 2 1/2 und 33 1/3 tragen.

Lösung:

„Die nackte Kanone“, 1988

Widerstand

Wenn die Buchstaben der abgebildeten Gegenstände, wie angegeben, getauscht, ersetzt oder weggelassen werden, ergeben sich Dinge, die nicht aus den 80ern wegzudenken sind.

M=H

N=T

~~E~~

U=O N=R

D=G

A=U T=K ~~H~~

W=Z A=Ä ~~GEN~~

C=N M=G
3,4,5,2,6,1

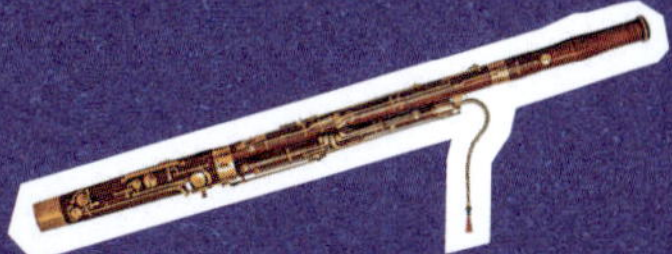

+B F=O A=Y
G=K

\-

Lösung:

Maus	= Haus
Besen	= beset
Zunge	= zung

Hausbesetzung

Puppen	= Popper
Degen	= gegen
Panther	= Punker

Popper gegen Punker

Volkswagen	= Volkszä
Schlumpf	= hlungs
Fagott	= boykott

Volkszählungsboykott

Rechenpyramide

Zwei nebeneinanderstehende Zahlen werden zusammengezählt und ergeben so die darüber stehende Zahl. In der untersten Reihe sind nur Zahlen zwischen 1 und 9 einzutragen.

104							
			88				
34	23		38				
	14						
	10						
3							

Lösung:

472							
213	259						
104	109	150					
57	47	62	88				
34	23	24	38	50			
20	14	9	15	23	27		
10	10	4	5	10	13	14	
3	7	3	1	4	6	7	7

Welche Brücke?

Im Jahre 1980 wurde in Köln eine berühmte Brücke verbreitert und eingeweiht. Statt aus Stahl besteht der neue Teil aus Beton. Ihr Name endet mit „Brücke". Wie beginnt er?

STAND									HAUER
KREBS									ARZT
BUCH									SACHE
HALB									EGEL
SCHNEIDE									SEIDE
WAAGE									ZEITIG
HAND									SAMT

Es sind Begriffe zu finden und in die Leerfelder einzutragen, die die Begriffe in der linken Spalte sinnvoll ergänzen, gleichzeitig den Begriffen der rechten Spalte vorangestellt werden und diese ebenfalls zu sinnvollen Begriffen erweitern. Unter dem Pfeil ergibt sich von oben nach unten der erste Namensteil der gesuchten Brücke.

Lösung:

B	I	L	D				
	T	I	E	R			
	D	R	U	C	K		
B	L	U	T				
			Z	A	H	N	
		R	E	C	H	T	
		A	R	B	E	I	T

Labyrinth

Baby und Johnny: zwei Tänzer, deren Sommerleidenschaft Filmgeschichte schrieb. Der Weg durch das Labyrinth, der die beiden direkt miteinander verbindet, verrät den Namen des Ferienresorts, in dem sie sich kennenlernten.

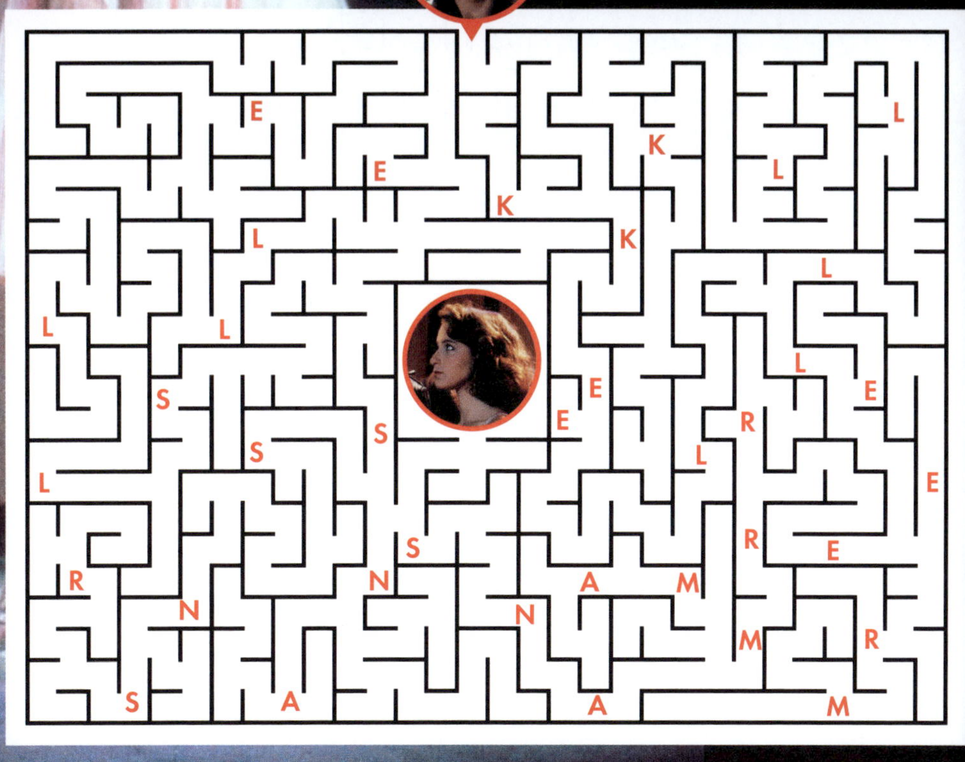

Lösung:

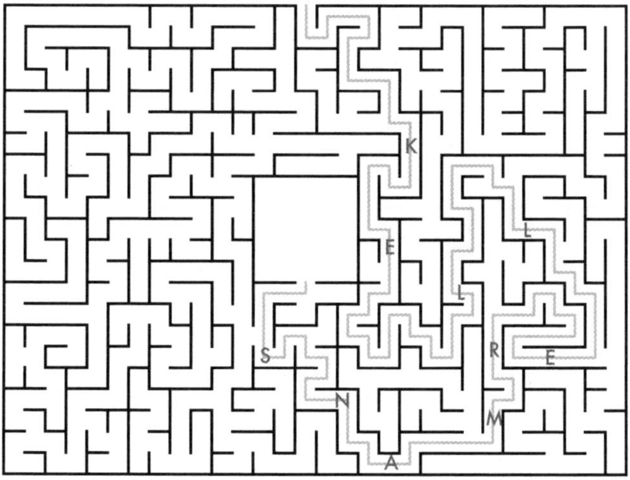

„KELLERMAN'S"

Inspirierend

Durch Umstellen der Buchstaben erfährst du, …

1

SENTA SURD WEHR

… welchen österreichischen Künstler, der sich selbst als Architekturdoktor bezeichnete, Senta Surd aus Wehr bewundert.

2

KARL LEME UCHTE

… welche Werbung Karl Leme aus Uchte am besten gefällt.

3

INA TERNIN NISTER

… welchen Beruf Ina Ternin aus Nister erlernt hat, nachdem Steffi Graf 1988 das Turnier in Wimbledon gewann.

Lösung:

1. Hundertwasser

2. Leuchtreklame

3. Tennistrainerin

Fehlersuche

Findest du die 5 Unterschiede?

Graffiti an der Westseite der Berliner Mauer, 1986

Lösung:

Rechenpyramide

Zwei nebeneinanderstehende Zahlen werden zusammengezählt und ergeben so die darüber stehende Zahl. In der untersten Reihe sind nur Zahlen zwischen 1 und 9 einzutragen.

Lösung:

405							
196	209						
94	102	107					
46	48	54	53				
24	22	26	28	25			
13	11	11	15	13	12		
6	7	4	7	8	5	7	
1	5	2	2	5	3	2	5

Popkultur

Wenn die Buchstaben der abgebildeten Gegenstände, wie angegeben, getauscht, ersetzt oder weggelassen werden, ergeben sich Dinge, die nicht aus den 80ern wegzudenken sind.

~~E~~

~~1,4~~

1,2,3

1,3,2,5

1,2,3,4

~~1,3~~

N=D ~~4,5~~

3,1,2

2,1,3,4,5

Lösung:

Banane	= Banan
Farn	= ar
Amaryllis	= ama

Bananarama

Gehstock	= Ghet
Toblerone	= tobl
Hamster	= aster

Ghettoblaster

Monster	= Moder
Tanne	= n Ta
Klingel	= lking

Modern Talking

Buchstaben-Sudoku

Die Buchstaben H, P, I, K, R, C, A, E und T müssen so eingetragen werden, dass sie in jeder Zeile, jeder Spalte und in jedem 3x3-Feld nur einmal vorkommen. Gesucht ist eine Erfindung von Helmut Gröttrup und Jürgen Dethloff, die zu Beginn der 80er erstmals in Masse produziert wurde.

		C	E		T	H		
		H	R		I	E		
P	T						R	A
R	E		T		C		I	P
T	A		I		E		K	H
H	I						E	R
		T	H		R	P		
		R	A		K	T		

Lösung:

I	R	C	E	A	T	H	P	K
A	K	H	R	P	I	E	C	T
P	T	E	K	C	H	I	R	A
R	E	K	T	H	C	A	I	P
C	H	I	P	K	A	R	T	E
T	A	P	I	R	E	C	K	H
H	I	A	C	T	P	K	E	R
K	C	T	H	E	R	P	A	I
E	P	R	A	I	K	T	H	C